D1923610

BIBLIO·PHILIA

ISBN 978-3-8157-9795-2

© der Erstausgabe 2004 Coppenrath Verlag, Münster
Überarbeitete Neuausgabe
© 2009 Coppenrath Verlag GmbH & Co. KG, Münster

Textsammlung: Katrin Gebhardt
Typografie und grafische Gestaltung:
Albert Bartel, echtwert.de/sign, Münster

Alle Rechte vorbehalten, auch auszugsweise

Printed in China

www.coppenrath.de

# Lebenslust

Positiv denken.

COPPENRATH

# Das Leben

Das Leben ist eine Chance, nutze sie.
Das Leben ist Schönheit, bewundere sie.
Das Leben ist Seligkeit, genieße sie.
Das Leben ist ein Traum, mach daraus
Wirklichkeit.
Das Leben ist eine Herausforderung,
stell dich ihr.
Das Leben ist eine Pflicht, erfülle sie.
Das Leben ist ein Spiel, spiele es.
Das Leben ist kostbar, geh sorgfältig
damit um.

Das Leben ist ein Reichtum, bewahre ihn.
Das Leben ist Liebe, erfreue dich an ihr.
Das Leben ist ein Rätsel, durchdringe es.
Das Leben ist ein Versprechen, halte es.
Das Leben ist eine Hymne, singe sie.
Das Leben ist ein Kampf, kämpfe ihn.
Das Leben ist eine Tragödie, ringe mit ihr.
Das Leben ist ein Abenteuer, wage es.
Das Leben ist Glück, verdiene es.
Das Leben ist Leben, verteidige es.

*Mutter Teresa*

**Das Leben** – es mag sein wie es will –
**ist ein Glück,** das von keinem
anderen übertroffen wird.

*Leo N. Tolstoi*

Es ist schön, zu leben,
weil leben anfangen ist,
immer, in jedem Augenblick.

*Cesare Pavese*

Die meisten Menschen wissen gar nicht, wie schön die Welt ist und wie viel Pracht in den kleinsten Dingen, in irgendeiner Pflanze, einem Stein, einer Baumrinde oder einem Birkenblatt sich offenbart.
Die erwachsenen Menschen, die Geschäfte und Sorgen haben und sich mit lauter Kleinigkeiten quälen, verlieren allmählich ganz den Blick für diese Reichtümer, welche die Kinder, wenn sie aufmerksam und gut sind, bald bemerken und mit dem ganzen Herzen lieben.

*Rainer Maria Rilke*

Betrachte den Abend, als müsse der Tag mit ihm sterben; und den Morgen, als wenn alle Dinge mit ihm zum Leben erwachten. Von Mal zu Mal erneuere sich dein Blick auf die Welt. Weise ist, wer über alles staunt.

*André Gide*

**Glück entsteht oft durch**
Aufmerksamkeit in kleinen Dingen,
**Unglück oft durch**
die Vernachlässigung kleiner Dinge.

*Wilhelm Busch*

Man sollte alle Tage wenigstens
ein kleines Lied hören,
ein gutes Gedicht lesen,
ein treffliches Gemälde sehen und,
wenn es möglich zu machen wäre,
einige vernünftige Worte sprechen.

*Johann Wolfgang von Goethe*

Alle Lebewesen
außer dem Menschen wissen,
dass der Hauptzweck des Lebens
darin besteht, es zu genießen.

*Samuel Butler*

Wenn dein Alltag dir arm scheint,
klage ihn nicht an; klage dich an,
dass du nicht stark genug bist,
seine Reichtümer zu rufen.

*Rainer Maria Rilke*

**Das Leben**
ist kein Problem, das es zu lösen,
sondern eine Wirklichkeit,
die es zu erfahren gilt.

*Gautama Siddharta Buddha*

Man muss das Leben lieben
um es zu leben und
man muss das Leben leben
um es zu lieben.

*Thornton Wilder*

Das Leben ist bezaubernd,

man muss es nur

durch die richtige Brille sehen.

*Alexandre Dumas d. J.*

Auf dein jetziges Leben kommt es an,
jetzt sollst du glücklich und entspannt sein –
und nicht erst nach zahllosen Aufschüben.

*Sylvia Plath*

Wie bei einem Theaterstück kommt es beim Leben nicht darauf an, wie lange es dauert, sondern wie gut es gespielt wird.

*Lucius Annaeus Seneca*

Das Dasein ist köstlich.
Man muss nur den Mut haben,
sein eigenes Leben zu führen.

*Peter Rosegger*

Wenn die Sonne nicht auf Lob und Bitten wartet um aufzugehen, sondern eben leuchtet und von der ganzen Welt begrüßt wird, so darfst auch du weder Schmeichelei noch Beifall brauchen um Gutes zu tun. Aus dir selbst heraus musst du es tun: Dann wirst du wie die Sonne geliebt werden.

*Epiktet*

Glücklich ist derjenige, welcher sein Dasein seinem besonderen Charakter, Wollen und Willkür angemessen hat und so in seinem Dasein sich selbst genießt.

*Georg Wilhelm Friedrich Hegel*

Wenn du etwas als richtig erkannt hast,
dann tu es – und zwar sofort.

*Jack Welch*

**Gib immer dein Bestes!**

Mehr kannst du nicht,
weniger darfst du nicht tun.

*Laurence Olivier*

Es ist alles erlaubt,
was zum Erlebnis führt.

*Gottfried Benn*

Es gibt keine Leute,
die nichts erleben,
es gibt nur Leute,
die nichts davon merken.

*Curt Goetz*

vollkommenes

Wenn ich mit intellektuellen Freunden spreche, festigt sich in mir die Überzeugung, vollkommenes Glück sei ein unerreichbarer Wunschtraum. Spreche ich dagegen mit meinem Gärtner, bin ich vom Gegenteil überzeugt.

*Bertrand Russell*

Kaum zu glauben, Teufel noch mal, dass man so viele Jahre lang inmitten von Kleinkram und Ärger so glücklich sein kann.

*Gabriel García Márquez*

## Das Glück des Lebens

besteht nicht darin, wenig oder keine Schwierigkeiten zu haben, sondern sie alle siegreich und glorreich zu überwinden.

*Carl Hilty*

Wenn deine Füße so müde sind,

*James J. Corbett*

dass du in die Mitte des Rings zurückweichen musst, kämpfe eine Runde länger. Wenn deine Arme so müde sind, dass du deine Hände kaum mehr zur Deckung hochkriegst, kämpfe eine Runde länger. Wenn deine Nase blutet und dein Auge blau geschlagen ist und du so müde bist, dass du wünschst, dein Gegner würde dich ordentlich vornehmen und ins Reich der Träume schicken, kämpfe eine Runde länger – denn der Mensch, der stets eine Runde länger durchhält, wird niemals besiegt werden.

Bekommen, was man sich wünscht, ist Erfolg. Sich wünschen, was man bekommen kann, ist Glück.

*Charles F. Kettering*

**Jeder Wunsch,**
gedacht oder geäußert,
bringt das Gewünschte näher,
und zwar im Verhältnis
zur Intensität des Wunsches.

*Prentice Mulford*

Es gibt im Leben zwei Dinge,
die wichtig sind:
Erstens, das zu bekommen,
was man will, und zweitens,
sich dann daran zu erfreuen.

*Logan Pearsall Smith*

**Freude, mein Lieber,**
ist die Medizin dieses Lebens!
Ich freue mich, wenn ich Gutes
von anderen höre, wenn irgend-
jemand auf unserer traurigen
Erde glücklich ist, ja selbst, wenn
mein Hund mit dem Schwanz
wedelt und die Katzen in irgend-
einer Ecke zufrieden schnurren.

*Ernest Hemingway*

Freude ist das Leben

durch einen Sonnenstrahl gesehen.

*Carmen Sylva*

Lass dich auf die Freude ein.
Streck die Hände aus und greif zu,
wenn sie vorbeiläuft.

*Carl August Sandburg*

Gott, was ist Glück! Eine Grießsuppe, eine Schlafstelle und keine körperlichen Schmerzen – das ist schon viel. Das Glück, wenn es mir recht ist, liegt in zweierlei: darin, dass man ganz da steht, wo man hingehört, und zum zweiten und besten in einem behaglichen Abwickeln des ganz Alltäglichen, also darin, dass man ausgeschlafen hat und dass einen die neuen Stiefel nicht drücken.

Wenn einem die 720 Minuten eines zwölfstündigen Tages ohne besonderen Ärger vergehen, so lässt sich von einem Tage unter einem glücklichen Stern sprechen.

*Theodor Fontane*

Weder vom Körper noch vom Geld
hängt es ab, ob der Mensch glücklich ist,
sondern ob er mit sich zurechtkommt
oder immer etwas anderes will.

*Demokrit*

**Das Glück im Leben**
hängt von den guten Gedanken ab,
die man hat.

*Marc Aurel*

Wenn ein fröhliches Herz fehlt,
was hilft uns dann
der Reichtum der Welt?

*Johann Michael Sailer*

Die Welt gehört dem,
der in ihr mit Heiterkeit
nach hohen Zielen wandert.

*Ralph Waldo Emerson*

Erfolg im
Ralph Waldo Emerson

# Leben

Erfolg im Leben zu haben bedeutet:
viel zu lachen, die Liebe von Kindern
zu gewinnen, den Verrat falscher Freunde
zu ertragen, die Welt zu einem klein wenig
besseren Ort zu machen, als sie es war,
bevor wir in sie hineingeboren wurden,
die gesellschaftlichen Verhältnisse in
irgendeiner Beziehung verbessern oder
einem Menschen helfen, gesünder zu
werden, zu wissen, dass ein Leben leichter
atmet, seit du lebst, das ist Erfolg!

Tue das,

wodurch du würdig bist glücklich zu sein.

*Immanuel Kant*

Deine erste Pflicht ist es, dich selbst glücklich zu machen. Bist du glücklich, so machst du auch andere glücklich. Der Glückliche kann nur Glückliche um sich sehen.

*Ludwig Feuerbach*

Einen glücklichen

# Menschen zu finden

ist besser als eine Fünfpfundnote.
Er ist der Inbegriff strahlender Freundlichkeit
und wenn er den Raum betritt, so scheint es,
als wäre eine Kerze angezündet worden.

*Robert Louis Stevenson*

Wer an das Gute im Menschen glaubt,
bewirkt das Gute im Menschen.

*Jean Paul*

Fordere viel von dir selbst und
erwarte wenig von anderen.
So bleibt dir mancher Ärger erspart.

*Konfuzius*

# Lebenskunst

besteht zu neunzig Prozent
aus der Fähigkeit,
mit Menschen auszukommen,
die man nicht leiden kann.

*Samuel Goldwyn*

Wenn wir jeden Tag eine Blume
auf den Weg unserer Mitmenschen streuten,
so wären die Straßen der Erde voller Freuden!

*Sprichwort aus England*

Ein bisschen gesunder Menschenverstand,
ein bisschen Toleranz, ein bisschen Humor –
wie behaglich es sich dann auf unserem
Planeten leben ließe.

*William Somerset Maugham*

Die Menschen sollen einander bei den Händen fassen und nicht nur gut sein, sondern auch froh. Die Freude ist der Sommer, der die inneren Früchte färbt.

*Jean Paul*

Der Heiterkeit sollen wir,
wann immer sie sich einstellt,
Tür und Tor öffnen; denn sie
kommt nie zur unrechten Zeit.

*Arthur Schopenhauer*

**Humor**

sollte immer dabei sein,
auch bei Problemen.

*Helge Schneider*

# Humor ist Liebe.

Er macht die Unzulänglichkeiten etwas zulänglicher, den Schaden etwas leichter, den Schmerz etwas erträglicher. Nur die Überheblichkeit macht er lächerlich, die lacht er aus.

*Henri Nannen*

# Humor

ist nicht erlernbar. Vor allem setzt er ein großes Maß an Geduld, Herzensgüte und Menschenliebe voraus.

*Curt Goetz*

Der verlorenste aller Tage ist der,
an dem man nicht gelacht hat.

*Chamfort*

Lachen und Lächeln sind Tor und Pforte,
durch die viel Gutes in den Menschen
hineinhuschen kann.

*Christian Morgenstern*

**Wer lachen kann,**
dort wo er hätte heulen können,
bekommt wieder Lust am Leben.

*Werner Finck*

Das Leben meistert man
entweder lächelnd
oder überhaupt nicht.

*Aus China*

Wem ein Lächeln fehlt,
dem fehlt ein Flügel.

*Truman Capote*

Das Leben ist schwer –
ein Grund mehr,
es auf die leichte Schulter zu nehmen.

*Emil Gött*

**Sein eigenes Leben**
nicht ernster nehmen als ein Stück
von Shakespeare!
Aber auch nicht minder ernst!

*Peter Altenberg*

Leben ist Chaos.
Das sollte man genießen.

*John Lydon*

Wer keine Freude an der Welt hat,
an dem hat die Welt auch keine Freude.

*Berthold Auerbach*

Du bist deine eigene Grenze.

**Erhebe dich darüber.**

*Hafis*

Das Leben
ist viel zu kurz
um kleinmütig
zu sein.

*Helen Keller*

Auf alle Fälle führt die Hoffnung
weiter als die Furcht.

*Ernst Jünger*

# Das Leben

besteht aus vielen kleinen Münzen,
und wer sie aufzuheben weiß,
hat ein Vermögen.

*Jean Anouilh*

Für den Optimisten
ist das Leben kein Problem,
sondern bereits die Lösung.

*Marcel Pagnol*

Das Beste im Leben ist
Verständnis für alles Schöne zu haben.

*Menander*

So wandelt sie im ewig gleichen Kreise,
die Zeit, nach ihrer alten Weise,
auf ihrem Wege taub und blind,
das unbefangene Menschenkind
erwartet stets vom nächsten Augenblick
ein unverhofftes, seltsam neues Glück.

Die Sonne geht und kehret wieder,
kommt Mond und sinkt die Nacht hernieder,
die Stunden die Wochen abwärts leiten,
die Wochen bringen die Jahreszeiten.
Von außen nichts sich je erneut,
in dir trägst du die wechselnde Zeit,
in dir nur Glück und Begebenheit.

*Ludwig Tieck*

Oft habe ich mich zurückgelehnt
und mir vorgenommen: Merke dir
diesen Augenblick, vergiss ihn nicht.
Denn in ihm bist du glücklich und froh.
Es wird nicht immer so sein,
also genieße ihn, solange er da ist,
erinnere dich seiner und sei dankbar.

*Ralph Richmond*

Das Glück wohnt nicht im Besitze
und nicht im Golde, das Glücksgefühl
ist in der Seele zu Hause.

*Demokrit*

Auch das ist Kunst, ist Gottesgabe,
aus ein paar sonnenhellen Tagen
sich so viel Licht ins Herz zu tragen,
dass, wenn der Sommer längst verweht,
das Leuchten immer noch besteht.

*Johann Wolfgang von Goethe*

Fröhlich sein, Gutes tun –
und die Spatzen pfeifen lassen!

*Don Giovanni Bosco*

**Fröhliche Menschen**
sind nicht bloß glückliche,
sondern in der Regel auch
**gute Menschen.**

*Karl Julius Weber*

Leicht zu leben ohne Leichtsinn,
heiter zu sein ohne Ausgelassenheit,
Mut zu haben ohne Übermut –
das ist die Kunst des Lebens!

*Theodor Fontane*

Kunst des

Lebens

Heiterkeit ist der Himmel,
unter dem alles gedeiht.

*Jean Paul*

Leben heißt,
es mit etwas zu tun zu haben –
mit der Welt und mit sich selbst.

*José Ortega y Gasset*

Wir können nicht alles tun,
aber wir müssen tun,
was wir können.

*Bill Clinton*

Wenn deine Grundsätze
dich traurig machen,
verlass dich drauf:
Sie sind falsch.

*Robert Louis Stevenson*

# Das Glück

beruht oft nur auf dem Entschluss,
glücklich zu sein.

*Lawrence George Durrell*

Ein Herz muss dann und wann
an seinem Glück sich laben,
es muss der Liebe viel
und etwas Frohsinn haben.

*Carl Spitteler*

Freude heißt die starke Feder
in der ewigen Natur.
Freude, Freude treibt die Räder
in der großen Weltenuhr.

*Friedrich von Schiller*

Wer immer nur funktioniert,
entzieht sich dem Abenteuer des Lebens.

*Armin Müller-Stahl*

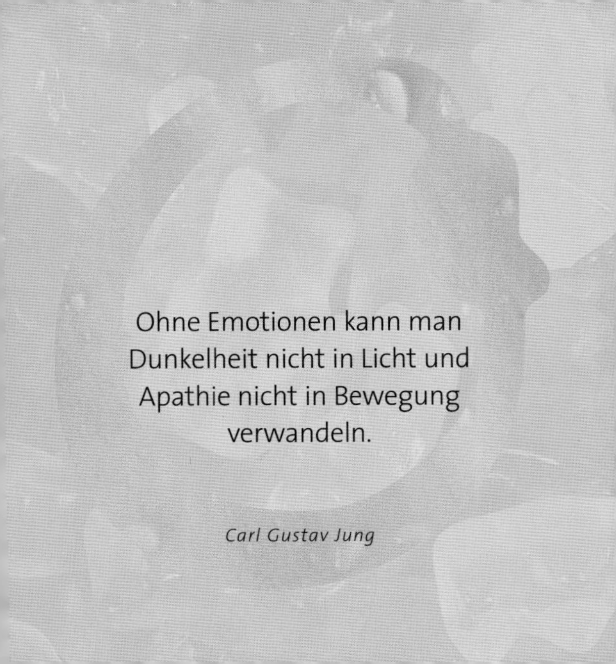

Ohne Emotionen kann man Dunkelheit nicht in Licht und Apathie nicht in Bewegung verwandeln.

*Carl Gustav Jung*

Ohne Begeisterung, welche die Seele mit einer gesunden Wärme erfüllt, wird nie etwas Großes zustande gebracht.

*Adolf von Knigge*

*Man muss ins Gelingen verliebt sein,*

*nicht ins Scheitern.*

*Ernst Bloch*

Wo aufgeschlossene Geister
und bereite Hände existieren,
wird es immer Neuland geben.

*Charles F. Kettering*

Man liebt das,
wofür man sich müht,
und man müht sich
für das, was man liebt.

*Erich Fromm*

Quintessenz des Glücklichseins:
nicht von etwas, für etwas leben.

*Anonym*

Fang jetzt an zu leben und zähle

jeden Tag als ein Leben für sich.

*Lucius Annaeus Seneca*

**Lebe jeden Tag so,**

als ob du dein ganzes Leben lang
nur für diesen einzigen Tag
gelebt hättest.

*Wassilij W. Rosanow*

Wer jeden Abend sagen kann:
„Ich habe gelebt",
dem bringt jeder Morgen
einen neuen Gewinn.

*Lucius Annaeus Seneca*

Wenn auch Priester und Ärzte
um dich stehen –
die Lust am Leben
soll dir nicht vergehen.

*Jiddisches Sprichwort*

# Herzensfreude

ist Leben für den Menschen.

Frohsinn verlängert ihm die Tage.

*Jesus Sirach*

Frohsinn und Zufriedenheit
sind große Verschönerer
und berühmte Pfleger
von jugendlichem Aussehen.

*Charles Dickens*

Solange das Schicksal es erlaubt,

**lebt froh!**

*Lucius Annaeus Seneca*

# Verzeichnis der Autoren

**Altenberg,** Peter (1859–1919), österreichischer Schriftsteller
**Anouilh,** Jean (1910–1987), französischer Dramatiker
**Auerbach,** Berthold (1812–1882), deutscher Schriftsteller
**Benn,** Gottfried (1886–1956), deutscher Schriftsteller
**Bloch,** Ernst (1885–1977), deutscher Philosoph
**Bosco,** Don Giovanni (1815–1888), italienischer Priester und Pädagoge
**Buddha,** Gautama Siddharta (560–480 v. Chr.), indischer Weiser
**Busch,** Wilhelm (1832–1908), deutscher Dichter und Maler
**Butler,** Samuel (1835–1902), englischer Satiriker
**Capote,** Truman (1924–1984), US-amerikanischer Schriftsteller

**Chamfort** (1741–1794), französischer Schriftsteller

**Clinton,** Bill (*1946), US-amerikanischer Politiker, 41. Präsident der USA

**Corbett,** James J. (1866–1933), US-amerikanischer Boxer

**Demokrit** (470–380 v. Chr.), griechischer Philosoph

**Dickens,** Charles (1812–1870), britischer Schriftsteller

**Dumas,** Alexandre d. J. (1824–1895), französcher Schriftsteller

**Durrell,** Lawrence George (1912–1990), britischer Schriftsteller

**Emerson,** Ralph Waldo (1803–1882), US-amerikanischer Dichter und Philosoph

**Epiktet** (50–138), griechischer Philosoph

**Feuerbach,** Ludwig (1804–1872), deutscher Philosoph

**Finck,** Werner (1902–1978), deutscher Kabarettist

**Fontane,** Theodor (1819–1898), deutscher Schriftsteller

**Fromm,** Erich (1900–1980), US-amerikanischer Psychoanalytiker deutscher Herkunft

**García Márquez,** Gabriel (*1927), kolumbianischer Schriftsteller

**Gide,** André (1869–1951), französischer Dramatiker, Romanautor und Biograph

**Goethe,** Johann Wolfgang von (1749–1832), deutscher Dichter

**Gött,** Emil (1864–1908), deutscher Schriftsteller

**Goetz,** Curt (1888–1960), deutscher Schriftsteller

**Goldwyn,** Samuel (1882–1974), US-amerikanischer Filmproduzent

**Hafis** (um 1325–1390), persischer Dichter

**Hegel,** Georg Wilhelm Friedrich (1770–1831), deutscher Philosoph

**Hemingway,** Ernest (1899–1961), US-amerikanischer Schriftsteller

**Hilty,** Carl (1833–1909), schweizerischer Jurist und Philosoph

**Jean Paul** (1763–1825), deutscher Dichter

**Jünger,** Ernst (1895–1998), deutscher Schriftsteller

**Jung,** Carl Gustav (1875–1961), schweizerischer Psychologe und Psychiater

**Kant,** Immanuel (1724–1804), deutscher Philosoph

**Keller,** Helen (1880–1968), US-amerikanische Sozialreformerin und Schriftstellerin

**Kettering,** Charles F. (1876–1958), US-amerikanischer Industrieller

**Knigge**, Adolf von (1751–1796), deutscher Schriftsteller

**Konfuzius** (551–479 v. Chr.), chinesischer Philosoph

**Lydon,** John (*1956), britischer Punkmusiker

**Marc** Aurel (121–180), römischer Kaiser

**Maugham,** William Somerset (1874–1965), englischer Schriftsteller

**Menander** (342–291 v. Chr.), griechischer Dichter

**Morgenstern,** Christian (1871–1914), deutscher Schriftsteller, Dramaturg, Journalist und Übersetzer

**Müller-Stahl,** Armin (*1930), deutscher Filmschauspieler

**Mulford,** Prentice (1834–1891), US-amerikanischer Journalist

**Nannen,** Henri (1913–1996), deutscher Journalist

**Olivier,** Laurence (1907–1989), britischer Schauspieler

**Ortega y Gasset,** José (1883–1955), spanischer Philosoph

**Pagnol,** Marcel (1895–1974), französischer Schriftsteller und Regisseur

**Pavese**, Cesare (1908–1950), italienischer Schriftsteller

**Plath,** Sylvia (1932–1963), US-amerikanische Schriftstellerin

**Richmond,** Ralph (20. Jh.), US-amerikanischer Schauspieler

**Rilke,** Rainer Maria (1875–1926), österreichischer Dichter

**Rosanow,** Wassilij W. (1856–1919), russischer Religionsphilosoph und Publizist

**Rosegger,** Peter (1843–1918), österreichischer Schriftsteller

**Russell,** Bertrand (1872–1970), britischer Philosoph und Mathematiker

**Sailer,** Johann Michael (1751–1832), deutscher Theologe

**Sandburg,** Carl August (1878–1967), US-amerikanischer Schriftsteller

**Schiller,** Friedrich von (1759–1805), deutscher Dichter

**Schneider,** Helge (*1955), deutscher Unterhaltungskünstler

**Schopenhauer,** Arthur (1788–1860), deutscher Philosoph

**Seneca,** Lucius Annaeus (um 4 v. Chr.–65 n. Chr.), römischer Dichter und Philosoph

**Smith,** Logan Pearsall (1865–1946), US-amerikanischer Schriftsteller

**Spitteler,** Carl (1845–1924), schweizerischer Dichter und Romanautor

**Stevenson,** Robert Louis (1850–1894), schottischer Schriftsteller

**Sylva,** Carmen (1843–1916), Königin von Rumänien und Dichterin

**Teresa,** Mutter (1910–1997), indische Ordensgründerin

**Tieck,** Ludwig (1773–1853), deutscher Dichter und Dramatiker

**Tolstoi,** Leo N. (1828–1910), russischer Dichter und Philosoph

**Weber,** Karl Julius (1767–1832), deutscher Schriftsteller

**Welch,** Jack (*1935), US-amerikanischer Topmanager

**Wilder,** Thornton (1897–1975), US-amerikanischer Schriftsteller